Docteur Jacques MORNET

LES

Mutualités

Maternelles

BLOUD & Cie, Éditeurs

7, PLACE SAINT-SULPICE, 7

PARIS (VIe)

—

1911

Docteur Jacques MORNET

LES

Mutualités

Maternelles

BLOUD & Cie, Éditeurs

7, PLACE SAINT-SULPICE, 7

PARIS (VIe)

—

1911

DU MÊME AUTEUR :

La Protection de la Maternité en France (*Etude d'hygiène sociale*).
— Paris, Rivière, 1 vol. in-8, 306 pages. Septembre 1909.

La Protection de la Maternité en France. — Rapport à la Société
Internationale pour l'Etude des Questions d'assistance. — Paris,
Masson, mai 1910, *Revue Philanthropique.*

**Le rôle de la femme dans les œuvres de la protection de la
Maternité en France.** — Rapport au Congrès International d'assistance publique et privée. — Copenhague, août 1910.

Les Unions d'œuvres à Paris. — Rapport à la Société Internationale
pour l'Etude des Questions d'assistance. — Paris, Masson, juin 1908,
Revue Philanthropique.

Les Unions d'œuvres par arrondissements à Paris. — Rapport au
IV⁰ Congrès national d'assistance publique et privée. — Reims,
avril 1908.

Les Unions d'œuvres à Paris. — Mars 1909.

Les Jardins ouvriers au point de vue cultural. — Rapport au
III⁰ Congrès des Jardins ouvriers. Paris, novembre 1909, Rivière,
éditeur. — Rapport au Congrès International des Jardins ouvriers.
Bruxelles, septembre 1910.

Les Mutualités

Maternelles

La natalité a diminué en France dans d'effrayantes proportions depuis une trentaine d'années.

Cette diminution de la natalité est due surtout à une crise morale, accessoirement à des causes économiques et sociales.

Au point de vue économique, la maternité est devenue, dans toute l'échelle de la société, un fait fâcheux et redoutable. Les conditions de la vie se font de plus en plus onéreuses, aussi l'arrivée d'un enfant dans un ménage ouvrier vient grever souvent d'une façon écrasante le budget déjà trop maigre.

Pour subvenir aux charges de son intérieur, la femme chargée de famille, la veuve ou l'abandonnée, ont dû quitter leur foyer pour aller à l'usine.

Ce travail industriel de la femme est un mal social, car la place de la femme est au foyer domestique. Le surmenage, l'alimentation défectueuse, les habitations malsaines, sont encore venus affaiblir la famille.

Sans vouloir passer en revue les multiples causes de notre faible natalité, il est permis de dire qu'à l'heure actuelle, les familles nombreuses ne sont pas assez aidées, la mère de famille assez protégée et respectée.

Il y a dans la classe ouvrière de notre pays, beaucoup de pères de famille qui travaillent avec ardeur pour subvenir aux besoins de leurs enfants, beaucoup d'épouses qui acceptent courageusement les lourdes charges de la maternité, qui aiment, soignent et embellissent leur foyer. Ce sont ces familles, c'est cette élite sociale en qui réside l'avenir de notre race, que la société doit particulièrement honorer et protéger.

L'assistance est encore plus nécessaire lorsque la femme est obligée de travailler pour subvenir aux besoins de son intérieur ; il faut que cette femme puisse se reposer au moment d'un accouchement.

Socialement et légalement, la femme enceinte ou nouvellement accouchée sort des conditions ordinaires de l'existence ; sa situation biologique spéciale lui donne des droits absolus à un régime d'exception ; sa grossesse et sa maternité la privent en effet de la force physique et aussi de l'énergie dont elle a tant besoin pour faire face aux difficultés de la vie.

Le devoir de protection aux faibles devient, dans ces circonstances, plus impératif ; d'abord parce qu'il s'agit d'une femme, puis parce que cette femme va ou vient d'être mère. Les femmes enceintes doivent être aidées, ce sont les véritables ouvrières de la ruche nationale, ces ouvrières laborieuses, si utiles à leur pays, seront d'autant plus robustes et plus vaillantes qu'on leur prodiguera les soins que nécessite leur état.

L'organisme de la femme subit du fait de la grossesse des modifications physiologiques importantes. Le repos relatif ou absolu dans les derniers temps de la grossesse, influe puissamment sur la qualité du produit de la conception. La femme en couches doit être assimilée à une malade et soustraite pendant sa convalescence à l'obligation de travailler.

La culture hygiénique de la grossesse, en assurant la validité et la viabilité de l'enfant, est également le premier élément de défense contre la mortalité infantile.

Telles sont les raisons qui nécessitent la protection de la maternité.

La mère, sûre d'être aidée efficacement, n'aura plus d'appréhension à la venue d'un enfant, elle pourra ainsi remplir son véritable rôle, goûter un peu de saine joie et de vrai bonheur, c'est là un des meilleurs moyens d'écarter un péril national, en favorisant l'augmentation de la natalité.

Parmi les moyens d'action qui économisent ainsi les vies humaines et aident à en créer, une place primordiale doit être faite aux Mutualités Maternelles.

Secours de maternité dans les Sociétés de Secours mutuels

Les sociétés de secours mutuels considéraient jusqu'à ces dernières années la maternité comme une charge trop onéreuse. Suivant cette idée, exprimée au Congrès des sociétés de secours mutuels et de prévoyance de Nice, l'assurance maternelle était envisagée comme coûteuse, elle chargeait lourdement le budget et venait jeter la perturbation dans le fonctionnement des sociétés. Les mutualistes ajoutaient que les salaires peu élevés de la femme ne lui permettaient pas de payer une cotisation suffisante ; ils oubliaient de dire que pour être possible et efficace, l'assurance maternelle nécessite une protection étroite et complexe. Les sociétés ne s'étaient pas occupées de la question si importante

de l'action préventive ; sans un repos obligatoire et sur-
veillé, la mère, forcée de reprendre son travail, res-
tait en effet souvent dans un état de santé précaire,
qui pouvait exiger de longs et coûteux sacrifices, aussi
les femmes n'étaient pas admises dans la plupart des
sociétés de secours mutuels, ou ne touchaient aucun
secours d'accouchement.

Depuis quelque temps, grâce à une généreuse et in-
telligente campagne, et à la fondation de mutualités
maternelles, une tendance contraire s'est manifestée
au Congrès mutualiste de Nancy, où de nombreux
vœux en faveur des mutualités familiales ont été déposés. Des mutualités, revenant de leurs errements
antérieurs, assimilent maintenant l'accouchement à la
maladie, allouent des secours spéciaux, ou, mieux encore, font inscrire leurs membres aux mutualités maternelles.

Lors de la discussion du budget du travail en 1908,
M. Bonnevay a demandé une subvention en faveur des
sociétés de secours mutuels dont l'assistance maternelle n'est pas le but unique, tout au moins principal.
A la séance du 10 janvier 1910 (1), une nouvelle demande a été faite afin d'accorder une subvention de
0 fr. 50 par femme à toutes les sociétés, contrairement
à l'avis du Conseil supérieur de la mutualité, qui avait
proposé 0 fr. 50 pour les membres des sociétés qui
font des retraites, et 0 fr. 25 pour les autres. Pour encourager les mutualités familiales, l'Etat, par un arrêté
ministériel de janvier dernier, accorde une subvention
de 0 fr. 50 par femme de 16 à 45 ans, à toute société
de secours mutuels qui assimile l'accouchement à la

---

(1) Deuxième séance du 10 janvier 1910. Ch. des députés. Discussion
de l'article 27 du budget du travail.

maladie et impose à ses membres un repos obligatoire d'un mois. Un crédit de 3 500 francs a été inscrit au budget. Pour participer à cette subvention, les sociétés doivent s'adresser au Ministère du travail et de la prévoyance sociale, Direction de la mutualité.

Plusieurs départements accordent aussi des subventions spéciales aux mutualités familiales.

Définition de la Mutualité maternelle

Si les sociétés de secours mutuels ont peu fait pour venir en aide aux femmes en couches, des organismes spéciaux, les Mutualités maternelles, sont venus combler cette lacune.

La Mutualité maternelle est, à la fois, une œuvre de prévoyance et de bienfaisance, ayant pour but de fournir à ses adhérentes, en échange de cotisations versées par elles et majorées par la participation de ses membres honoraires, les subventions de l'Etat, des départements et des communes, une aide pécuniaire suffisante pour qu'elles puissent s'abstenir, à la fin de leur grossesse, de tout travail reconnu préjudiciable à leur santé et à celle de leurs enfants ; se reposer pendant le mois consécutif à l'accouchement et donner à leurs enfants, jusqu'à l'âge de deux ans, les soins nécessaires.

L'assistance publique ou privée offre aux femmes en couches, sans participation pécuniaire de leur part, les soins et les secours que leur état de fortune ne leur permet pas de se procurer.

L'assurance maternelle leur procure les mêmes soins et secours, en retour des versements préalablement effectués en vue de ce risque.

La Mutualité maternelle de Paris

Le 15 août 1866, Jean Dollfus et plusieurs industriels fondaient, à Mulhouse, l'Association des femmes en couches. Cette association exige de toute ouvrière de 16 à 45 ans un versement de 0 fr. 15 par quinzaine, et un versement égal du patron. Toute femme qui devient mère reçoit, pendant six semaines, les soins du médecin et de la sage-femme, et une indemnité qui, depuis 1883, s'ajoute à la somme donnée par la Caisse d'assurance obligatoire dont toute ouvrière est tenue de faire partie (loi allemande du 15 juin 1883).

Cette association et la Conférence de Berlin de 1890 réunie en vue de l'application possible d'une législation internationale du travail, ont provoqué en France la création des mutualités maternelles.

La Mutualité maternelle de Paris fut fondée en 1891 par Brylinski et M. Félix Poussineau, à la suite d'une réunion où Jules Simon et Léon Say avaient pris la parole. Grâce à la généreuse initiative de ces deux hommes de cœur, les trois Chambres syndicales : couture et confection, dentelle et broderie, passementerie, boutons et mercerie, fondèrent la première mutualité maternelle française, sous le patronage de Mme Carnot.

Les membres des Chambres syndicales, frappés des funestes conséquences d'une reprise trop hâtive du travail pour leurs ouvrières, organisèrent cette association des mères pauvres et riches, pour permettre à leurs employées de se reposer quatre semaines au moment de leurs couches et d'élever leurs enfants.

Une souscription fut ouverte, elle réunit 63 000 francs,

les trois Chambres syndicales versèrent chacune 10 000 francs; grâce à cet effort financier considérable, la société put être créée.

Les fondateurs n'ont pas voulu que la mutualité maternelle fût considérée comme une œuvre de bienfaisance; aussi, pour épargner aux sociétaires la douloureuse nécessité de demander une aumône, ils ont créé une œuvre de prévoyance. La cotisation, primitivement fixée à 6 francs, fut ramenée, le 1er janvier 1905, à 3 francs, la plupart des participantes étant de modestes ouvrières gagnant peu et ayant une nombreuse famille.

Au début, la société n'admettait que les femmes de 16 à 45 ans de certaines professions; depuis 1904, sa protection s'étend à toutes les ouvrières, ménagères ou employées du département de la Seine.

A sa fondation, la société donnait seulement une indemnité à ses membres après l'accouchement, et une indemnité d'allaitement; depuis, divers services ont été organisés.

La Mutualité comprend des membres participantes et des membres honoraires. En 1909, il y avait 17 202 membres participantes, en augmentation de 3 771 sur 1908. Les membres participantes sont admises par l'assemblée générale; ce sont des ouvrières, employées, ménagères ou domestiques françaises, âgées de 16 ans au moins, et domiciliées dans le département de la Seine.

Pour avoir droit à une indemnité, la participante doit être inscrite depuis neuf mois au moins et doit avoir payé sa cotisation de l'année.

Sans ce délai formel, bien des mères imprévoyantes s'empresseraient de verser 3 francs pour toucher peu de temps après 58 francs.

La Mutualité maternelle ne procède que par engagement annuel, afin d'éviter le non-paiement de la part des souscripteurs et l'exploitation des participantes isolées, qui ne cherchent dans leur affiliation à la Mutualité maternelle qu'une mesure commode d'économie, alors que leurs ressources leur permettent de subvenir sans gêne aux frais de la maternité.

Peuvent également bénéficier des avantages de la Mutualité maternelle, les femmes de sociétaires faisant partie de toutes sociétés de secours mutuels agréées par le Conseil d'administration, à condition que ces sociétés s'engagent à verser annuellement à la Mutualité maternelle, 1 franc par sociétaire ou femme de sociétaire, quel que soit leur âge.

Les mêmes avantages sont accordés aux grands industriels, financiers, ou aux administrations, en faveur de leurs ouvrières et des femmes de leurs ouvriers, moyennant les mêmes obligations.

Il est certain que les sociétés de secours mutuels, telles qu'elles sont organisées, ne peuvent pas s'astreindre à payer, semaine par semaine, l'indemnité due à la mère, s'assurer qu'elle n'a pas repris son travail et s'occuper de l'enfant. Il y a donc tout avantage et toute économie pour elles à s'affilier à des mutualités maternelles ayant des services régulièrement organisés et placés sous la surveillance de personnes compétentes.

En 1909, environ dix-huit sociétés de secours mutuels se sont ainsi entendues avec la Mutualité maternelle de Paris et ont fait inscrire plus de 4 000 membres : l'Étoile avec 1 804 membres, la Société de secours mutuels des garçons de recettes de la ville de Paris avec 497 membres, la Fraternelle de Maisons-Alfort avec 243 membres, la Mutuelle des Enfants de l'Ain avec 171 membres, l'Association familiale ouvrière du XIVe arrondissement avec 135 membres, la Société de secours mutuels Saint-Vincent-de-Paul, de Noisy-le-Sec, avec 126 membres, etc...

Les industriels ont également intérêt à passer par l'intermédiaire de la Mutualité pour distribuer des secours. En 1909, seize maisons avaient inscrit leur personnel à la Mutualité maternelle de Paris : Crédit Lyonnais (411), Blanchisserie de Courcelles (181), Maison Forest et Cie (115), Société Maggi (118), Compagnie des lampes électriques d'Issy-les-Moulineaux (250), Vermicellerie Parisienne de Maisons-Alfort (137), etc...

La cotisation exigée des sociétés de secours mutuels est seulement de 1 franc par membre, mais elle est payée par tous les sociétaires mariés ou non de tout âge, aussi les accouchements y sont relativement moins nombreux. Plusieurs sociétés de secours mutuels traitent également avec la Mutualité maternelle sans tenir compte du nombre des membres inscrits ; en revanche, la société s'engage à rembourser le supplément des indemnités versées.

L'élément fourni par l'industrie est plus jeune et bien différent de celui des sociétés de secours mutuels, l'indemnité de 1 franc est insuffisante, une cotisation plus élevée serait nécessaire pour équilibrer le budget.

Pendant deux ans, la Mutualité maternelle est venue en aide bénévolement aux 8 000 femmes d'employés de la Ville de Paris, mais les pourparlers avec le Conseil municipal n'ayant pas abouti, la Mutualité a dû rayer ce groupe cette année.

Les cotisations des membres participantes ne représentent qu'une faible partie des recettes, 28 000 francs pour un budget de 149 000 francs. Les fonds nécessaires au fonctionnement sont surtout fournis par les 4 255 cotisations des membres honoraires (20 fr. par an, ou versement unique de 500 fr.), et des membres bienfaiteurs (1 000 fr.), les subventions des sociétés ou groupes adhérents, les allocations accordées par le Conseil municipal, le Conseil général et les Chambres syndicales, le produit des fêtes organisées au profit de l'œuvre, enfin les dons et les legs.

Le Conseil municipal alloue une subvention de 6 000 francs, le Conseil général, 5 000 francs, le Ministère du travail, 500 francs; dix-sept municipalités de la banlieue accordent des subventions : Asnières 300 fr., Saint-Denis 700 francs, Vincennes 200 francs, Levallois 400 francs, etc... Le centre reçoit 13 100 francs de la subvention spéciale du Ministère de l'intérieur, et les groupes 3 850 francs.

Le budget de 1909 s'est monté à 149 000 francs, accusant une insuffisance de recettes de 29 000 francs.

En échange de ses cotisations, chaque accouchée reçoit, pendant quatre semaines, à dater du jour qui suit son accouchement, une indemnité de 12 francs par semaine, à condition qu'elle s'abstienne de tout travail pendant ce temps.

Cette indemnité de 12 francs est élevée à 15 francs par semaine pour toute participante mère de six enfants vivants au moment de la naissance du dernier.

L'indemnité est payée alors même que l'enfant vient à mourir avant l'expiration des quatre semaines.

En cas d'accouchement double, l'indemnité est élevée de moitié. Si l'un des deux enfants vient à mourir, l'indemnité se continue pour le second.

En cas de décès de la mère, l'indemnité est continuée

pour l'enfant à condition que les soins de l'enfant soient assurés et dûment surveillés.

Sur attestation du médecin, l'indemnité peut être prolongée exceptionnellement durant deux semaines.

Une prime de 20 francs est allouée à toute sociétaire qui allaite elle-même son enfant.

En 1907, 2 024 sociétaires ont touché des secours d'accouchement (911 statutaires et 1 138 extra-statutaires), 32 303 francs ont été versés aux statutaires et 10 755 francs aux extra-statutaires.

En 1909, 2 647 sociétaires ont touché des secours, dont 1 298 statutaires ; les indemnités se sont élevées à 52 737 francs pour les statutaires, 20 434 francs pour les extra-statutaires, 11 421 francs pour les groupes.

Grâce à la prime d'allaitement, 88 0/0 des enfants ont été nourris au sein par leur mère en 1907, 89 0/0 en 1909.

Les trois premiers versements sont faits au domicile des accouchées par l'une des inspectrices de la société et les dames visiteuses, le dernier paiement est fait à l'accouchée elle-même au bureau de la société contre quittance de l'indemnité totale.

L'accouchée qui, sans motifs valables et acceptés par le conseil d'administration, reprend son travail avant l'expiration des quatre semaines, est privée de toute indemnité à partir du jour où le travail a été recommencé.

En pratique, dès qu'une sociétaire est accouchée, le siège social doit en être averti; une inspectrice se rend chez elle, effectue le premier versement, donne des conseils à la mère et examine s'il y a lieu de donner des secours supplémentaires.

Le deuxième et le troisième versement ont lieu

également à domicile pour permettre de vérifier que l'ouvrière n'est pas retournée à son travail.

La Mutualité maternelle a ouvert un dispensaire à son siège central; 1 888 consultations y ont été données en 1909. Toute mère qui se présente trois fois au dispensaire après le troisième mois de sa grossesse, touche une prime de 5 francs; des consultations obstétricales ont lieu également dans les sections.

Ces consultations absolument nécessaires permettent de surveiller la santé générale et l'état local, et d'éviter ainsi bien des accidents durant la grossesse et pendant l'accouchement. Il serait même à souhaiter que toute femme enceinte, pour bénéficier des avantages de la Mutualité maternelle, soit munie d'un certificat de surveillance médicale au cours de sa gestation.

Si le repos est jugé absolument nécessaire, une indemnité est accordée si cela est possible, mais cette indemnité n'est pas obligatoire.

Le repos absolu ou relatif dans les derniers temps de la grossesse influe beaucoup sur le produit de la conception, il serait désirable que les sociétaires puissent abandonner leur travail avant l'accouchement, il faut espérer que de nouvelles ressources permettront à la Mutualité maternelle de mettre en pratique cette si importante et si onéreuse mesure de perfectionnement.

La société procure parfois aux mères abandonnées ou seules au logis une femme de ménage expérimentée, qui soigne l'enfant, veille à la propreté de l'intérieur, remplace dans son ménage la mère immobilisée par ses couches et lui permet de se reposer ainsi plus complètement.

La Mutualité maternelle continue à s'occuper des enfants pendant les vingt-quatre premiers mois de leur existence dans cinquante-sept consultations de nourrissons où les enfants sont pesés et examinés et où les mères reçoivent les soins et les conseils nécessaires pour la santé et l'hygiène des nouveau-nés. Des bons de lait sont également distribués et des secours divers sont donnés : layettes, berceaux, récompenses aux mères. L'action de ces consultations est seulement préventive ; si les bébés nécessitent une visite plus complète, les mères sont renvoyées à leur docteur.

La Mutualité maternelle ne se contente pas de venir en aide à ses sociétaires, elle donne également des secours aux femmes qui, par imprévoyance et surtout par manque de ressources, ne se sont pas fait inscrire assez longtemps avant l'accouchement. A ces membres extra-statutaires, la société verse 15 francs pour les quatre semaines de repos et une prime d'allaitement de 10 francs.

La société est dirigée par un conseil d'administration dont font partie les délégués des chambres syndicales fondatrices, des membres actifs et des membres honoraires.

Depuis quelques années, des sections ont été organisées dans différents quartiers, afin de faciliter le fonctionnement de la société et réaliser ainsi une très grande économie.

Ces sections possèdent une organisation propre, un comité local et sont chargées de recruter les membres participantes. Elles constituent de véritables familles où les dames honoraires sont en contact continuel avec les sociétaires.

Depuis l'organisation de ces sections, dès que le siège social est prévenu de l'accouchement, l'inspectrice porte la première indemnité, les dames visiteuses de la section effectuent le deuxième et le troisième versement.

Ces dames visiteuses des sections, au nombre d'un millier, viennent apporter avec l'argent un peu de joie et de consolation. Leur rôle ne doit pas consister seulement à verser quelques indemnités et à procurer quelques objets aux plus nécessiteuses : elles ont la mission plus délicate de donner aux mères, en même temps que des conseils d'hygiène, un réconfort et surtout une aide morale toujours utile, quelquefois même plus nécessaire qu'un secours pécuniaire.

A chaque section est annexée une consultation de nourrissons toujours organisée à peu de frais. Cette consultation, qui souvent a fusionné avec une œuvre déjà existante, est installée avec l'aide des dames visiteuses dans un dispensaire, une mairie, voire même au domicile de l'une d'entre elles. Dans ces consultations, les dames visiteuses s'efforcent, par un avis discret, un conseil avisé ou un secours pécuniaire, de développer l'allaitement maternel, qui est le meilleur allaitement en même temps que le plus naturel.

En 1892, la Mutualité maternelle comptait 607 membres; en 1900, 1 335; en 1905, 6 332; en 1907, 20 906; en 1909, 24 457, dont 17 202 participantes réparties en soixante sections plus sept sections militaires.

En 1892, les indemnités ont été accordées à 84 statutaires et 49 extra-statutaires; en 1907, à 911 statutaires et 1 138 extra-statutaires; en 1909, à 1 298 statutaires et 1 346 extra-statutaires.

En 1905, 85 0/0 des enfants ont été élevés au sein; en 1906, 87 0/0; en 1907, 88 0/0; en 1909, 89 0/0.

La mortalité infantile (de 0 à 1 an) a été de 4,1 0/0 en 1907.

En 1909, 3 551 enfants ont été présentés aux consultations de nourrissons, 38 275 pesées ont été faites. Sur ces 3 551 enfants, la mortalité a été seulement de 136, soit 3,8 0/0 (moyenne à Paris de 1901 à 1906, 16,75 0/0).

Il sera question plus loin des sections militaires.

Après avoir montré les nombreux services rendus par la Mutualité maternelle, il convient de signaler les mesures exceptionnelles prises cette année par suite des inondations. Une somme de 5 000 francs a été prélevée sur les réserves pour répondre aux premières demandes, une nouvelle somme de 10 000 francs a permis d'augmenter de 25 0/0 l'indemnité aux mères sinistrées; en même temps le conseil a décidé d'accepter comme extra-statutaires toutes les femmes en état de grossesse victimes des inondations (indemnité de 15 francs et prime d'allaitement de 10 francs). Pour parer à ces nouveaux frais, une souscription recueillit les offrandes des particuliers, des chambres syndicales et des membres participantes des sections non éprouvées; enfin le Syndicat de la Presse versa 60 000 francs à la Mutualité maternelle.

Mutualités maternelles de province

Sans vouloir examiner le fonctionnement de toutes les mutualités de province, il est intéressant d'étudier l'organisation de plusieurs de ces sociétés, et tout particulièrement des premières mutualités maternelles fondées en France après celle de Paris : Vienne, Lille, Saint-Germain et Dammarie-les-Lys.

La Mutualité maternelle de Vienne (Isère) fut créée, en 1894, par la Chambre syndicale de l'industrie drapière. La société put être organisée grâce à un fonds de réserve de 30 000 francs recueillis parmi 130 membres honoraires et 1 000 braves travailleurs, qui s'inscrivirent comme membres honoraires.

La société admit primitivement, comme participantes, les ouvrières de l'industrie textile.

Les secours distribués au début, consistaient en une indemnité de 12 francs pendant quatre semaines, avec repos obligatoire (20 francs en cas de grossesse gémellaire), et une prime de 20 francs à toute mère nourrissant son enfant les trois premiers mois; de plus, un dispensaire médical était ouvert, avec consultations deux fois la semaine. En 1896, une œuvre des layettes fut créée. En 1897, un service de vaccination fut organisé. En 1899, une œuvre d'encouragement à l'épargne fut fondée, un livret de caisse d'épargne de 2 francs fut alloué à tout enfant vivant au 25 décembre de l'année de sa naissance. En 1903, une consultation de nourrissons fut ouverte tous les quinze jours, avec prime de 5 francs au sixième mois. En 1904, c'est la création d'une Goutte de lait, avec vente à bon marché et distribution gratuite de lait stérilisé. En 1906, le recrutement des sociétaires, tout d'abord limité aux ouvrières de l'industrie textile, fut étendu à toutes les femmes, ouvrières ou employées, sans distinction de la profession. En 1906, une crèche fut fondée. En 1907 des bains-douches furent créés et des bons de viande distribués aux femmes qui suivent la consultation et dont le lait est insuffisant.

Le montant des divers secours accordés à une accouchée peut s'élever actuellement à 75 francs, et ceci pour une modique cotisation de 3 francs.

Tels sont les différents services organisés, successivement, par la société de Vienne, qui peut être prise comme type d'une mutualité maternelle sérieusement constituée.

Bien entendu, comme à Paris, les dames visiteuses inspectent régulièrement les nouvelles accouchées, leur donnent des conseils hygiéniques et leur apportent souvent une aide morale précieuse.

Au premier janvier 1910, la Société comptait 754 membres participantes. Dans le courant de l'année 1907, il y a eu 80 accouchements; en 1908, 87; en 1909, 95.

En 1909, 72 0/0 des enfants ont été élevés par leur mère, la mortalité infantile de 0 à 1 an a été de 3,5 0/0.

En 1909, le montant des indemnités d'accouchement et des primes d'allaitement a atteint 5 566 francs. 315 objets de layettes ont été donnés. Le total des secours distribués s'est élevé à 12 000 francs.

Toutes les femmes ouvrières de la ville bénéficient également, sans avoir à verser de cotisations, des avantages suivants : consultation de nourrissons avec primes de pesées pour encourager la fréquentation régulière, goutte de lait avec distribution gratuite et à bon marché du lait stérilisé, dispensaire pour les femmes enceintes et accouchées, bains-douches et électrisation, crèches, distributions de médicaments, bons de viande aux mères nourrissant leurs enfants au sein.

Les recettes proviennent des cotisations des participantes et des membres honoraires, de la subvention de la Chambre syndicale de l'industrie drapière, du Conseil général et de la Ville de Vienne. Tout ouvrier peut être membre honoraire en versant une cotisation de 1 franc par an.

L'officier de l'état civil remet aux nouveaux conjoints, avec le livret de mariage, un exemplaire des statuts de la Mutualité maternelle et des feuilles d'adhésion.

Cette mutualité est due à la Chambre syndicale de l'industrie drapière, et tout particulièrement à l'initiative de son ancien président. C'est également sur le rapport et la proposition de M. Bonnier que la Chambre de commerce de Vienne, dont il est président, a provoqué l'adhésion de la plupart des autres Chambres de commerce à la proposition Engerand aujourd'hui votée.

La Mutualité maternelle de Lille, s'inspirant du fonctionnement des sociétés de charité maternelle, a divisé ses sociétaires, qui doivent verser un droit d'entrée de 1 fr. 50, en trois catégories : Les premières, moyennant une cotisation de 0 fr. 75 par mois, touchent une indemnité de 18 francs pendant quatre semaines (3 francs par jour), une prime d'allaitement de 20 francs, en cas d'accouchement gémellaire une indemnité de 25 francs. Les secondes versent une cotisation de 0 fr. 50 et reçoivent un secours de 15 francs par semaine et une prime d'allaitement de 10 francs. Les troisièmes, pour une cotisation de 0 fr. 25, touchent une indemnité de 12 francs et une prime d'allaitement de 10 francs. En résumé, les sociétaires de la première catégorie touchent 92 francs, celles de la seconde 77 francs et celles de la troisième 64 francs. La Mutualité maternelle de Lille a créé également une caisse de retraite pour les mêmes mutualistes qui ont atteint 50 ans et comptent au moins quinze ans de sociétariat (rente annuelle dont le montant est basé sur le nombre des enfants). Cette société compte 344 participantes et a versé 5 209 francs.

La Mutualité maternelle de Saint-Germain-en-Laye, pour une cotisation de 3 francs, verse une prime hebdomadaire de 10 francs pendant quatre semaines, et une prime d'allaitement de 10 francs pendant six mois. Un livret de caisse d'épargne est donné à l'enfant qui a été présenté trente fois à la visite. Cette société compte 230 membres et a versé 3 513 francs, elle a deux filiales, au Pecq et à Saint-Germain.

A Dammarie-les-Lys, petite bourgade de Seine-et-Marne (1 600 habitants : population moitié ouvrière, moitié agricole), une Mutualité a été organisée par le sympathique et dévoué organisateur de la Mutualité maternelle de Paris, M. Poussineau.

La cotisation est de 1 franc par an. La mère reçoit, pendant les quatre semaines de repos obligatoire, une indemnité de 8 francs pour chacune de ces semaines, et une prime d'allaitement de 10 francs, si elle allaite son enfant, soit en tout 42 francs.

Cette Mutualité maternelle, désireuse de faire participer un plus grand nombre de mères aux bienfaits de la société, a décidé de fonder, dans toutes les communes environnantes, des succursales ou sections. Cinq sections ont été ainsi organisées dans des villages et hameaux. Ces sections s'administrent elles-mêmes

et possèdent chacune une consultation de nourrissons.
L'indemnité est versée par la dame inspectrice, dési-
gnée par la section, au domicile de l'accouchée, dans
l'intervalle des trois premières semaines de l'accouchement, par fractions de 8 francs. Le quatrième versement et la prime d'allaitement sont donnés à la mère,
au bout des quatre semaines, à la consultation de
nourrissons la plus proche, où la mère doit se rendre
avec son enfant. Les fonds nécessaires à l'indemnité
sont pris sur la caisse de la section; en cas d'insuffisance, la section fait une demande de fonds au siège
social, à Dammarie-les-Lys. Il peut arriver, en effet,
que dans une section il y ait peu d'accouchées, et que
dans une autre le contraire se produise, le tout se balance. S'il y a excédent de bénéfices dans une section,
il est remis à cette section la moitié de cet excédent
pour l'employer comme il lui plaira, en layettes ou en
primes d'allaitement aux mères les plus assidues à la
consultation.

Les sections reçoivent également aux consultations
les mères qui ne font pas partie de la société.

Les ressources trouvées dans les petits villages ont
été suffisantes pour équilibrer le budget, et ces sections, au lieu d'être une charge pour la société-mère,
ont pu faire face aux dépenses.

Cette mutualité maternelle, qui compte seize ans
d'existence, compte actuellement 149 membres participantes et 131 membres honoraires (1).

Les recettes se sont élevées en 1909 à 1 732 francs,
dont 12 0/0 seulement représentant les cotisations des
membres participantes. La situation prospère est due

____

(1) Assemblée générale du 25 septembre 1910.

surtout à la cotisation des membres honoraires, qui donnent à la société non seulement leur argent, mais beaucoup de dévouement.

Les dépenses se sont élevées à 1 538 francs. 22 accouchées ont touché l'indemnité de repos et 20 la prime d'allaitement, 795 francs ont été ainsi distribués.

Depuis sa fondation, la société a en caisse près de 20 000 francs ; de 1894 à 1909, elle a dépensé 17 755 francs pendant ce laps de temps, en primes d'accouchements, frais du dispensaire, etc.

Sur les 239 enfants nés à Dammarie en quatorze ans, il n'y a eu que 11 décès contre 35 pour les quatorze années qui avaient précédé.

Non seulement la Mutualité maternelle a fait diminuer la mortalité infantile, mais les naissances ont augmenté dans une notable proportion : 24 0/0. Les femmes ayant moins à redouter la crise de la maternité, rétablies chaque fois par un repos réparateur suffisant, sans être obligées de recourir à une assistance humiliante, ne considèrent plus la venue d'un enfant comme un surcroît de charge et une cause de la misère.

Si dans les campagnes il y a moins de misère que dans les grandes villes, il n'en existe pas moins une grande gêne dans les ménages ouvriers quand il y a de nombreux enfants ; c'est toujours la misère, d'autant plus grande qu'il n'existe aucune œuvre d'assistance privée ou aucun bureau de bienfaisance pour l'atténuer, alors que dans les grandes villes, toutes sortes de sociétés sont à la disposition des classes laborieuses.

Il est à souhaiter que les mutualités maternelles des petites et grandes villes rayonnent ainsi sur les communes rurales voisines à l'exemple de Dammarie-les-Lys. Les petites bourgades qui ne peuvent pas par elles-mêmes organiser des mutualités maternelles, bénéficient de tous les avantages que présentent ces mutualités (1).

La Mutualité maternelle d'Angoulême, fondée en 1908 et groupant 47 participantes, accorde à ses sociétaires une indemnité de 10 francs par semaine pendant quatre semaines après leurs couches. La Mutualité maternelle délivre dès le septième mois une layette complète de 20 francs, une boîte de pansements, des brochures d'hygiène et prête en outre ce qui est nécessaire. Des livrets de caisse d'épargne sont donnés aux enfants dont les mères sont les plus assidues à la consultation des nourrissons.

La Mutualité maternelle civile et militaire de Saint-Quentin, fondée en 1908, accorde une indemnité de 10 francs par semaine, prête du linge, donne des layettes, etc... Cette société put fonctionner dès 1909, grâce à une kermesse qui réunit 2 800 francs, à la subvention du Conseil général (500 francs), du ministère de l'intérieur (1 320 francs) et de la municipalité (100 francs seulement destinés aux registres et livrets). Grâce au zèle de la présidente, Mme Bérot-Berger, la Mutualité maternelle comptait en mai 1889, 84 membres honoraires, 51 sociétaires participantes et possédait un capital de 1 045 francs. En juin 1910, la même société comptait 128 membres honoraires, 106 sociétaires participantes et possédait un capital de 5 477 francs (dépenses déduites 843 francs). La société a enregistré 42 naissances et 3 décès, ce qui donne une

---

(1) Renseignements dus à l'obligeance de M. Poussineau.

mortalité infantile de 7 0/0 au lieu de 22 0/0 dans la ville.

La **Mutualité maternelle de Roubaix** a été fondée le 15 décembre 1903 avec un capital initial de 25 000 francs, provenant de donations.

Toute personne admise comme sociétaire participante est tenue de verser 1 franc pour le droit d'entrée et le coût du livret. La cotisation est de 0 fr. 10 par semaine, elle peut être payée par anticipation. Le non-paiement de la cotisation pendant six semaines entraîne la perte des droits aux indemnités statutaires et si le conseil d'administration le décide, la radiation comme membre participante.

Les sociétaires accouchées reçoivent 12 francs pendant quatre semaines, alors même que l'enfant viendrait à mourir. En cas d'accouchement de deux jumeaux, l'indemnité est portée à 18 francs par semaine.

Une prime de 20 francs est accordée aux sociétaires qui allaitent elles-mêmes leur enfant.

Pour avoir droit aux indemnités, il faut que la sociétaire soit inscrite depuis dix mois au moins.

En 1904, 23 indemnités ont été accordées, 20 primes d'allaitement et 170 francs de secours extra-statutaires. 1 694 francs ont été ainsi distribués.

En 1907, 55 indemnités et 48 primes d'allaitement ont été données, ainsi que 173 francs de secours extra-statutaires, soit 3 797 francs.

En 1909, il y a eu 86 indemnités, 79 primes d'allaitement et 107 francs de secours, d'où une dépense de 5 839 francs.

Depuis 1903, la **Mutualité maternelle de Roubaix** a

ainsi distribué 22 838 francs. Malgré la distribution de cette somme, l'encaisse à l'assemblée générale du 17 avril 1910 était de 25 818 francs.

La Mutualité maternelle de Roubaix compte actuellement 442 membres participantes.

La Mutualité maternelle de Charlieu (Loire), fondée en 1906, accordait à ses sociétaires en couches une indemnité pour leur permettre de s'abstenir de travailler pendant quatre semaines, de se soigner et donner à leur enfant les soins qu'il réclame pendant les premières semaines qui suivent la naissance ; depuis août 1908, l'indemnité est accordée pendant six semaines.

Toute femme ouvrière, employée, ménagère ou domestique de Charlieu ou d'une partie des communes du Chandon et de Saint-Nizier peut, après avoir versé un droit d'entrée de 0 fr. 25 et après avoir été admise par l'assemblée générale, faire partie de l'association.

Pour avoir droit à une indemnité, la participante doit être inscrite depuis neuf mois au moins et avoir payé régulièrement ses cotisations.

Les membres honoraires versent une cotisation annuelle de 3 francs, les membres souscripteurs 1 franc, les sociétaires participantes 2 fr. 40 par an, payables en quatre fois au commencement du trimestre.

Chaque accouchée reçoit pendant six semaines, dont deux semaines avant l'accouchement et quatre semaines après, une indemnité de 12 francs, à la condition de s'abstenir de tout travail pendant six semaines.

L'indemnité est payée alors même que l'enfant vient à mourir avant l'expiration des quatre semaines.

En cas d'accouchement double, l'indemnité est portée

à 20 francs pendant les quatre semaines après l'accouchement.

Le repos de deux semaines avant l'accouchement a été décidé en assemblée générale extraordinaire le 19 juillet 1910. Le Congrès des Mutualités maternelles de Paris (novembre 1910) émettait peu après un vœu en faveur de ce repos avant l'accouchement.

Une prime de 10 francs est accordée à toute sociétaire qui allaite elle-même son enfant pendant les quatre premières semaines.

Pour une cotisation de 2 fr. 40, l'accouchée reçoit ainsi un secours de 72 francs.

Les cinq premiers paiements sont faits au domicile de l'accouchée par une dame inspectrice choisie par le Conseil d'administration ; le dernier paiement est fait par le trésorier.

La Mutualité maternelle de Charlieu compte 157 membres participantes, 165 membres honoraires et 20 membres souscripteurs.

Il y a eu 7 accouchements en 1905 et 22 en 1909 ; le montant des indemnités, secours et primes d'allaitement est passé de 382 francs à 1 355 francs.

Dans cette mutualité, les cotisations des membres participantes représentent le tiers des recettes ; l'Etat accorde 140 francs et le département 100 francs.

Par suite des secours donnés avant l'accouchement, les dépenses se sont élevées à 1 451 fr. 05 et les recettes à 1 172 fr. 36, d'où un excédent de dépenses de 278 fr. 69 ; une réserve de 1 700 francs a permis de couvrir largement ce déficit.

Cette mutualité maternelle se rapproche beaucoup des sociétés de secours mutuels et, d'ailleurs, elle limite son action à des secours pécuniaires.

La Mutualité maternelle de la maison V^c Albert Chabrat à Bordeaux, a été organisée et fonctionne grâce au zèle et au dévouement de Mlle B. Albert Chabrat, fille et sœur d'industriels.

Cette mutualité maternelle comprend seulement les femmes travaillant dans les usines militaires. Actuellement, il y a seulement 20 membres participantes et 10 membres honoraires. Il y a en moyenne 4 à 5 naissances par an.

Chaque sociétaire participante a droit à une indemnité de 5 francs par semaine pendant les quatre semaines qui précèdent et qui suivent l'accouchement (20 francs représentent le loyer mensuel à Bordeaux pour un ménage ouvrier). Une prime à l'allaitement maternel de 5 francs est donnée pendant les deux premiers mois à la sociétaire qui allaite elle-même son enfant au sein.

Un dispensaire gratuit avec consultations pour les femmes enceintes et les nourrissons, est ouvert au siège de la société. Les objets nécessaires au moment de l'accouchement sont donnés à la mère. Des layettes sont également distribuées aux mères qui en ont besoin. Une crèche est annexée aux usines et un service de soupes est organisé pour les mères-nourrices qui viennent allaiter leur enfant à la crèche.

Cette société est uniquement alimentée par les cotisations des membres et une subvention de la maison.

En trente mois cette petite mutualité maternelle a eu 15 naissances.

Il nous a semblé fort intéressant de signaler cette société pour montrer ce que peut une initiative féminine au foyer de l'industriel.

La Mutualité maternelle de Talence (Gironde) a été fondée en 1907. Les femmes d'employés ou d'ouvriers habitant Talence depuis un an peuvent faire partie de la société en versant une cotisation mensuelle de 0 fr. 25. L'indemnité de 5 francs par semaine pendant quatre semaines est double en cas de jumeaux, une prime de 10 francs est accordée à toute mère nourrissant son enfant et une seconde prime de 10 francs est allouée à toute participante pour l'aider à payer ses honoraires du médecin et de la sage-femme. Pour avoir droit à tous ces avantages, la mère doit être inscrite depuis neuf mois au moins.

Une consultation obstétricale et une consultation de nourrissons sont organisées au siège social.

Des dons de layettes et de vêtements sont faits aux mères les plus nécessiteuses. La société a organisé un prêt de matériel obstétrical.

De plus, deux fois par an ont lieu des fêtes gratuites.

L'aide morale ne manque pas non plus ; les dames visiteuses vont porter aux femmes en couches des conseils et des encouragements.

Des conférences d'hygiène, de puériculture, de morale et d'enseignement ménager sont faites aux mères. Grâce à la générosité de la vice-présidente, les enfants sont dotés d'un livret de caisse d'épargne de 2 francs.

Cette société comptait au 1er janvier 1909, 90 participantes et 65 membres honoraires. Il y a eu 35 naissances en 1909 ; les cotisations des membres participantes représentent 1/4 des ressources.

Des secours sont également donnés aux extra-statutaires mariées (c'est-à-dire aux femmes ayant neuf mois d'inscription) à la condition qu'à dater de leur inscription elles fassent partie de la société comme membres participantes et qu'elles paient les cotisations.

Tels sont les quelques exemples de mutualités maternelles. Inutile de dire que dans la plupart de ces sociétés, les dames visiteuses rivalisent de dévouement et de zèle pour aider leurs sœurs moins fortunées.

Il existe encore un grand nombre de mutualités maternelles, qui comme les sociétés qui ont été citées rendent de grands services. Ce sont les mutualités maternelles d'Annecy, d'Auxerre, de Bar-le-Duc, de Brie-Comte-Robert, de Château-Thierry, de Dinard, de Douai, d'Evreux, de Fontainebleau, de Lyon, de Marseille et des Bouches-du-Rhône, de Melun, de Nîmes, de Rochefort, de Saintes, de Saint-Etienne, de Troyes, de Toulon, de Toulouse, etc.

Les Unions de Sociétés de Secours mutuels et les Mutualités maternelles
Les Caisses de réassurances maternelles

Les sociétés de secours mutuels ont tout intérêt, comme il a été dit plus haut, à faire inscrire leurs membres aux mutualités maternelles existantes ; elles peuvent également organiser des services distincts et profiter des unions départementales pour créer des mutualités maternelles.

La Mutualité maternelle de la Loire-Inférieure, créée au sein et sous la direction de l'Union départementale des Sociétés de secours mutuels, a pour but de donner aux femmes en couches quatre semaines de repos, indemnisé.

Toutes les femmes employées, ouvrières, ménagères ou domestiques françaises âgées de seize ans au moins domiciliées dans le département de la Loire-Inférieure peuvent en faire partie.

Pour bénéficier des avantages de la Mutualité, les femmes doivent se faire inscrire neuf mois au moins avant l'accouchement et payer une cotisation annuelle de 6 francs.

Chaque accouchée reçoit pendant quatre semaines à compter du jour qui suit l'accouchement une indemnité de 12 francs par semaine, à condition qu'elle s'abstienne de se livrer à son travail ordinaire ou à toute autre occupation non autorisée par le médecin.

Cette indemnité est élevée à 15 francs par semaine pour toute participante, mère de six enfants vivants au moment de la naissance de son septième enfant.

L'indemnité est payée alors même que l'enfant viendrait à décéder avant l'expiration des quatre semaines.

En cas d'accouchement double, l'indemnité est relevée de moitié; si l'un des deux enfants vient à mourir, l'indemnité se continue pour le survivant.

En cas de décès de la mère, l'indemnité est continuée pour l'enfant comme si la mère avait vécu, à la condition que les soins de l'enfant soient assurés et dûment surveillés.

L'indemnité peut être prolongée pendant deux semaines sur la demande de l'accouchée, appuyée par une attestation d'un des médecins de la société, motivant l'impossibilité de reprendre le travail.

Une prime de 10 francs est accordée à toute sociétaire qui allaite elle-même son enfant pendant les quatre premières semaines.

La Fédération des Sociétés de Secours mutuels des Alpes-Maritimes a institué à Nice, en 1904, une Caisse de la mutualité maternelle et infantile des Alpes-Maritimes en faveur de la famille et plus particulièrement de la mère et des enfants du premier âge habitant le département des Alpes-Maritimes.

Cette Caisse, régie, comme toutes les mutualités maternelles, par la loi du 1er avril 1898, a pour but d'assurer la tranquillité de la famille : 1° en donnant à la mère pendant quatre semaines au minimum une indemnité journalière suffisante pour qu'elle puisse se soigner chez elle et s'abstenir de travailler pendant la période de quatre semaines qui suit la naissance de l'enfant ; 2° en lui assurant le concours d'une sage-femme et en cas de besoin, celui du médecin, ou tout au moins en contribuant au paiement des honoraires qui lui sont dus ; 3° en procurant aux enfants du premier âge les soins du médecin et les médicaments. La société se compose de membres bienfaiteurs (versement unique de 1 000 francs), de membres honoraires (versement unique de 300 francs ou versements annuels variables) et de membres participants.

Toute personne admise comme sociétaire participante est tenue de verser la somme de 1 fr. 50, représentant le droit d'entrée et la valeur du livret.

Le non-paiement de la cotisation pendant deux trimestres successifs entraîne l'exclusion de la société, sauf avis du conseil d'administration.

Les sociétaires doivent verser d'avance tous les trois mois leur cotisation entre les mains du trésorier.

Peut faire partie de la société, toute femme âgée de seize ans au moins, déclarant se trouver dans les conditions normales de santé, reconnue de bonnes vie et mœurs et habitant le département des Alpes-Maritimes.

Les aspirantes au titre de sociétaire participante ne peuvent être admises définitivement que si le mari ou toute autre personne s'inscrit comme membre honoraire pour 1 franc au moins.

Pour avoir droit aux avantages de la société, il faut que la sociétaire soit inscrite depuis neuf mois au moins et ait payé la totalité de ses cotisations, sauf le cas d'accouchement prématuré ou certains cas particuliers laissés à l'appréciation du conseil d'administration sur l'avis du médecin.

Les membres participants versent une cotisation mensuelle de 0 fr. 25 ; l'indemnité hebdomadaire est de 9 francs, au total 36 francs, soit 1 fr. 50 par jour ouvrable. Cette indemnité peut être augmentée par décision du conseil d'administration.

Toute société de secours mutuels de dames affiliée à la Fédération qui adhère à la Caisse de la Mutualité maternelle des Alpes-Maritimes et toutes autres sociétés de secours mutuels fédérées qui adhèrent pour toutes les femmes des sociétaires paient par chaque membre une cotisation annuelle de 1 franc.

Chaque société adhérente est considérée comme une section de la Caisse, et les membres participantes participent à tous les avantages de la société en se conformant aux statuts.

Un état nominatif des membres participantes à la Caisse est fourni chaque année par les sociétés ; cet état donne tous les renseignements sur la famille de la participante.

La femme de sociétaire qui devient veuve en état de grossesse continue à bénéficier des avantages de la société, alors même que la société à laquelle son mari était affilié ne la comprend plus dans ses états nominatifs.

L'adhésion d'une société de secours mutuels ne peut être définitive qu'après délibération du conseil d'administration.

Chaque société adhérente désignera un délégué, qui pourra assister aux séances des assemblées générales avec voix délibérative et qui pourra, toutes les fois qu'il le demandera, prendre part aux séances du conseil d'administration, mais simplement avec voix consultative.

La durée de l'indemnité journalière peut être prolongée pendant deux semaines au maximum, sur la demande de l'accouchée, appuyée par une attestation de l'un des médecins de l'association motivant l'impossibilité de reprendre le travail.

Elle peut être augmentée d'une semaine au profit des femmes qui justifieraient s'être reposées pendant la semaine qui a précédé l'accouchement.

L'indemnité de la sage-femme et celle du médecin en cas d'opération sont payées directement par la Caisse contre quittance de ces derniers.

La moitié des frais de la sage-femme et du médecin est payée par la société suivant un tarif établi.

L'indemnité journalière est payée à la condition que la mère s'abstienne de tout travail pendant quatre semaines consécutives, alors que l'enfant viendrait à mourir avant l'expiration de ces quatre semaines.

En cas de décès de la mère, l'indemnité journalière est continuée pour l'enfant, comme si la mère avait vécu, à condition que les soins à l'enfant soient assurés et dûment surveillés.

Le paiement de l'indemnité journalière est fait chaque semaine à l'accouchée par l'une des inspectrices de la Caisse, chargée de contrôler en même temps l'abstention du travail.

La sociétaire doit s'engager à continuer sans interruption le paiement de ses cotisations mensuelles en vue d'une nouvelle grossesse.

Pour faciliter son action, la Caisse de mutualité maternelle a établi dans les communes des bureaux de section qui sont chargés du bon fonctionnement de l'œuvre. Ces comités, créés quand le nombre des adhérentes les rend utiles, comprennent les dames inspectrices et un secrétaire-trésorier choisis par le conseil d'administration parmi les membres honoraires domiciliés dans la localité, ainsi que les délégués des sociétés de secours mutuels adhérentes. La Fédération a également décidé la création d'une mutualité infantile qui accepte comme membres adhérents les enfants de un jour à trois ans, âge après lequel ils pourront entrer dans une mutualité scolaire.

La cotisation mensuelle est fixée à un franc par famille, quel que soit le nombre des enfants habitant les Alpes-Maritimes.

Le paiement régulier des cotisations donnera droit après un stage de trois mois aux soins et aux médicaments pendant la durée de la maladie de l'enfant. Lorsque la maladie se prolongera plus de trois mois, le conseil d'administration décidera si les secours pourront être continués.

Pour venir en aide aux mères dont la situation est plus digne d'intérêt, la société a également décidé d'organiser le sou de la mutualité, fixé à une cotisation d'un sou par franc et par sociétaire exigible à la recette de janvier. Toute demande de secours dûment justifiée doit être adressée au président du conseil d'administration.

La société est administrée par le conseil d'administration de la Fédération des sociétés de secours mutuels des Alpes-Maritimes (1).

Un livret où sont inscrits les statuts, les renseignements sur les sociétaires, des cases pour les versements et les indemnités, est donné à chaque sociétaire.

Cette caisse maternelle, qui se distingue des mutualités examinées plus haut, n'a pas cessé de rendre de grands services depuis quatre ans.

En 1906, la société comptait 1 781 membres ; elle est venue en aide à 114 accouchées et a versé de ce fait 2 260 francs aux sages-femmes, 300 francs aux médecins et 4 056 francs en indemnités de repos.

En 1909, la Mutualité maternelle a eu 1 881 sociétaires et a versé pour 110 accouchements 3 160 francs, comme indemnités de repos, 2 180 francs aux sages-femmes et 577 francs aux médecins.

Le total général des sommes versées depuis quatre ans pour 458 accouchements s'est élevé à 22 279 fr. 50.

Parmi les mutualités maternelles organisées entre sociétés de secours mutuels, il convient de citer l'Union de la Mutualité maternelle des Sociétés de Secours mutuels d'Angers et du département de Maine-et-Loire. Cette société a été fondée à Angers par la Société des Dames et Demoiselles, sous le patronage de l'Union mutualiste du département de Maine-et-Loire.

---

(1) Siège social : 12, boulevard Sainte-Agathe, Nice.

Les membres participantes doivent appartenir aux sociétés de secours mutuels affiliées à la Mutualité maternelle, et payer une cotisation annuelle de un franc.

Les membres extra-participantes sont celles qui ne sont pas inscrites à une société de secours mutuels ; leur cotisation est de 5 francs par an.

Les membres participantes et extra-participantes sont admises provisoirement par le petit conseil et définitivement par l'assemblée générale.

Pour avoir droit à une indemnité, la sociétaire doit être inscrite depuis neuf mois et avoir payé sa cotisation.

Les femmes de sociétés de secours mutuels d'hommes peuvent également être inscrites comme membres participantes, à la condition que ces sociétés de secours mutuels s'engagent à verser un franc par femme de sociétaire, sans en excepter aucune et quel que soit leur âge.

Toute sociétaire venant à quitter une société de secours mutuels perd tous ses droits comme participante à la Mutualité maternelle, mais peut continuer à en faire partie comme membre extra-participante en se faisant réinscrire dans le délai d'un mois et en payant la cotisation annuelle de cinq francs.

Les sociétés de secours mutuels adhérentes dont le siège social est situé en dehors de la commune d'Angers sont tenues de verser, en plus de leur cotisation, une subvention annuelle proportionnelle à celle versée par le Conseil municipal d'Angers.

L'indemnité est de 12 francs par semaine. Une prime de 10 francs est accordée à toute sociétaire qui allaite elle-même son enfant pendant les quatre semaines de repos obligatoire. En cas d'accouchement double, l'indemnité est élevée de moitié.

Un comité de dames visiteuses s'assure que les soins sont donnés à la mère et au nouveau-né.

Des secours extra-statutaires, en nature ou en argent, peuvent être accordés par la société à des femmes dont la situation est digne d'intérêt. Les fonds de ces secours sont alimentés par des dons manuels ou le produit des fêtes.

La Mutualité maternelle d'Angers et du département de Maine-et-Loire comprenait au 1er mars 1910, 637 membres, dont 603 appartenaient à 8 sociétés de secours mutuels. Cinq nouvelles sociétés ont adhéré depuis.

Du 1er mars 1908 au 1er mars 1910, 2 053 francs ont été versés à 38 accouchées.

La plus grande partie des recettes se compose des cotisations des sociétés, 1 118 francs, et des subventions, 1 364 francs (500 francs, subvention annuelle de la ville d'Angers) ; les membres donateurs ont versé seulement 164 francs.

La Mutualité maternelle du Var a été organisée par le Comité mutualiste du département du Var, en 1905.

La cotisation est fixée à 0 fr. 10 par mois pour les sociétaires de sociétés de secours mutuels adhérant collectivement, et 0 fr. 25 pour les adhérentes individuelles.

Pour bénéficier des avantages de la Mutualité, les sociétaires doivent être inscrites depuis un an.

Chaque accouchée reçoit, pendant quatre semaines, une indemnité de 8 francs par semaine. Si la sociétaire est inscrite à plusieurs sociétés, elle recevra cette indemnité pour chacune des cotisations.

Une prime de 20 francs est accordée à toute sociétaire qui allaite son enfant.

La Société constitue un fonds de réserve avec le cinquième des cotisations.

Cette Mutualité, qui est plutôt une caisse de réassurance maternelle, compte cinq sociétés adhérentes avec 1 662 participantes, dont 6 sont à titre individuel.

Elle a indemnisé 55 accouchements en 1908, et 45 en 1909.

Plus de la moitié des recettes est constituée par les cotisations des membres participantes, 2 000 francs sur un total de 3 475 francs, les cotisations des membres honoraires montent seulement à 200 francs.

Un service médical est actuellement à l'étude.

Dans le département de l'Ain, le président de la Mutuelle des enfants de l'Ain a essayé d'organiser, en janvier dernier, une Mutualité maternelle départementale. Il s'efforce pour le moment de mettre son projet en exécution avec le concours de l'Union mutualiste départementale.

La Fédération des Sociétés de Secours mutuels de la Somme vient d'organiser, à Amiens, la Mutualité maternelle de la Somme, qui fonctionne depuis le 13 juillet 1910.

Toute femme habitant le département de la Somme peut faire partie de la société comme adhérante à titre individuel ou comprise dans un groupe adhérant collectivement par l'intermédiaire d'une société de secours mutuels, d'une entreprise industrielle, commerciale et financière, ou d'une administration.

La cotisation est de 3 francs pour les sociétaires

individuelles, 1 franc pour les membres des sociétés de secours mutuels qui doivent adhérer en totalité, sans distinction d'âge.

Chaque accouchée doit, pendant les quatre semaines de repos obligatoire après l'accouchement, recevoir une indemnité de 9 francs par semaine pendant les trois premières semaines, et 15 francs pendant la quatrième semaine.

L'indemnité doit être payée alors que l'enfant vient à mourir.

En cas d'accouchement double, l'indemnité doit être élevée de moitié.

Une prime de 5 francs doit être accordée à toute sociétaire qui allaite son enfant au sein pendant les trois premiers mois.

Des consultations de nourrissons doivent être organisées là où les adhérentes seront assez nombreuses.

La Mutualité maternelle se propose d'organiser d'autres services si ses ressources le lui permettent.

La Mutualité maternelle est administrée par un Conseil choisi moitié parmi les membres honoraires et les participantes, moitié parmi les membres des sociétés de secours mutuels adhérentes.

La Fédération des Sociétés de Secours mutuels du Gard a organisé, en janvier 1909, une Mutualité maternelle.

Cette Mutualité comprend des participantes et des extra-participantes.

Les participantes doivent être âgées de 16 ans, payer un droit d'entrée de 1 fr. 50, une cotisation annuelle de 6 francs, et faire un stage d'un an. Le mari ou toute autre personne doit s'inscrire comme membre honoraire (3 fr. au minimum par an).

Les extra-participantes sont les membres ou femmes des membres de sociétés de secours mutuels ayant adhéré pour l'ensemble de leurs sociétaires. Ces sociétés acquittent un droit d'entrée de 5 francs par cent membres, une cotisation de 1 franc par an payable trimestriellement. Elles font un stage de six mois après lequel leurs sociétaires ont droit aux avantages de la mutualité maternelle à condition, toutefois, d'avoir un an d'inscription dans la société-mère.

Pour les sociétés familiales et mixtes, le mari et sa femme ne paient qu'une seule cotisation s'ils font partie de la même société de secours mutuels.

En échange, la Mutualité maternelle donne à toute accouchée, sur présentation du certificat du médecin ou de la sage-femme, pendant quatre semaines à dater du jour qui suit la délivrance, une indemnité hebdomadaire de 8 francs. L'indemnité est élevée de moitié en cas d'accouchement double.

Sur indication du médecin, l'indemnité peut être prolongée exceptionnellement de deux semaines.

Une prime de 10 francs est allouée à toute sociétaire allaitant elle-même son enfant.

Une inspectrice veille à la stricte observation des statuts et règle les primes d'allaitement et les indemnités.

Les sept sociétés groupées comprennent : cinq sociétés féminines, une société familiale, une société d'hommes.

En décembre 1909, la société comprenait 811 participantes et 32 membres honoraires ; elle avait indemnisé 25 accouchements, payé 20 primes d'allaitement, soit 895 francs, en moyenne, 38 fr. 80 pour chaque accouchée, 1 fr. 10 pour chaque participante.

Les recettes se sont élevées à 1 298 francs, dont une subvention de 100 francs du Conseil municipal de Nîmes, et une subvention de 100 francs du Conseil général du département du Gard. Les cotisations des membres honoraires entrent seulement pour 16 0/0 des recettes totales. La Mutualité maternelle du Gard se rapproche d'ailleurs beaucoup des sociétés de secours mutuels, c'est plutôt une caisse de réassurance maternelle. Il faut espérer que, suivant l'exemple des autres mutualités maternelles, les donateurs seront un peu plus élevés dans ce département où la mutualité est pourtant si faible, et que la Mutualité maternelle pourra ainsi s'étendre à un plus grand nombre de mères.

Dans le premier trimestre de cette année, cette société a accusé 26 naissances et plus de 920 membres.

Plusieurs unions de sociétés de secours mutuels s'occupent actuellement d'organiser des mutualités maternelles. En organisant ces mutualités, les fédérations ne devront pas perdre de vue le caractère propre des mutualités maternelles, se borner à la 'distribution de simples secours pécuniaires et constituer uniquement des caisses de réassurance. De tels secours peuvent très bien être distribués dans les sociétés de secours mutuels et ceci n'empêche pas une véritable mutualité maternelle de se fonder.

Trop de sociétés de secours mutuels, à l'heure présente, sont animées d'aucune tendance idéaliste, n'ont de mutualistes que le nom. Il y a bien dans les assemblées générales de longs et superbes discours empreints d'une phraséologie spéciale, où l'on parle beaucoup de solidarité, mais souvent aucune tendance mutualiste ne se manifeste au sein de la société.

Les mutualités maternelles ne doivent pas compter pour vivre uniquement sur les membres participantes, elles doivent créer autour d'elles une atmosphère de sympathie et de dévouement qui amène facilement les dons et les legs.

Les mutualités maternelles sont des institutions de prévoyance et de bienfaisance, qui nécessitent, pour être vraiment utiles, de la part des membres, de l'abnégation, du dévouement et du sacrifice. Aussi les Unions de sociétés de secours mutuels animées de ces tendances, doivent doter les mutualités maternelles d'une organisation autonome qui rende les mêmes services que les premières mutualités maternelles fondées à Paris et en province. A notre avis, les Unions devraient se contenter d'aider les mutualités maternelles là où elles fonctionnent, ou en provoquer la création là où elles n'existent pas.

Mutualités maternelles militaires

La mutualité maternelle a étendu son action bienfaisante aux femmes des soldats sous les drapeaux.

L'allocation journalière de 0 fr. 75 prévue par la nouvelle loi militaire est absolument insuffisante, pour une mère de famille ayant un ou plusieurs enfants, de plus, cette allocation ne s'adresse qu'à une catégorie de privilégiées.

Pour ne citer qu'un exemple, trois régiments de Paris ont 423 hommes mariés, dont 277 sont pères de famille, 15 0/0 ne touchent pas d'indemnité, 30 0/0 ont des ressources suffisantes, 30 0/0 sont dans la profonde misère, 15 0/0 des jeunes femmes sont près d'accoucher.

La mortalité infantile, dans ces milieux, est effrayante : l'an dernier, 20 0/0 au 31e, 26 0/0 au 76e d'infanterie.

La misère est en effet très grande dans ces jeunes ménages : sans enfant, la femme peut à grand'peine, par son travail, subvenir à ses besoins ; la venue d'un enfant engendre la misère, la femme ne peut plus travailler et ce n'est pas la modique allocation qui peut la faire vivre elle et son enfant. S'il y a plusieurs enfants, les exemples en sont nombreux, la misère sera encore plus profonde.

On a prétendu que, par suite de la loi Lemire, ces jeunes ménages de plus en plus nombreux résultent, pour Paris, d'unions douteuses, contractées au hasard, dans le désir hâtif des jeunes gens de se marier pour bénéficier du séjour dans les régiments de Paris. Cela est vrai dans certains cas, mais beaucoup de ces jeunes ménages évidemment nécessiteux et pauvres, appartiennent au milieu honnête de la population.

La Mutualité militaire de Paris a organisé, dans un certain nombre de régiments, une section militaire, avec l'agrément du colonel et l'aide des femmes des officiers et les membres de la Croix-Rouge.

Les dames du Comité, au nombre d'une quinzaine, se rendent au domicile de la famille, pourvoient aux besoins les plus urgents, donnent des bons de nourriture, des vêtements, du lait, préparent une layette et un berceau, et tâchent de faire obtenir à la jeune mère des secours d'autres œuvres. C'est un rayon d'espérance qui pénètre dans le logis où la misère est le plus souvent effroyable.

En 1909, six sections fonctionnent dans les 31e, 46e, 76e, 101e, 102e et 104e d'infanterie ; sur les 789 femmes de soldats inscrites à la Mutualité, 150 ont accouché et ont reçu 2 988 francs à titre d'indemnités et de primes d'allaitement ; de nouvelles sections sont actuellement en formation.

Il est pénible de songer qu'à l'heure actuelle les jeunes ménages de militaires, de plus en plus nombreux, soient si peu protégés, si peu aidés. La Mutualité maternelle militaire leur sera très utile. Le soldat, plus tranquille sur le sort de la famille qu'il a laissée derrière lui, sera moins tenté de considérer son séjour à la caserne comme une nécessité douloureuse, et deviendra par là moins apte à accepter les doctrines funestes de l'antimilitarisme.

Il y a trois moyens d'organiser des mutualités maternelles militaires :

1° Fonder, comme à Paris, une section militaire de la mutualité maternelle, en prenant le règlement établi par la Mutualité maternelle de Paris ;

2° Ajouter à la Société de secours mutuels militaire existante, un article spécial visant le secours à la naissance d'un enfant, et fonder un Comité spécial chargé de distribuer les indemnités d'accouchement ;

3° Fonder une mutualité maternelle militaire, en prenant comme dames patronnesses et visiteuses les femmes d'officiers d'active et de réserve et les membres des sociétés de secours aux blessés. Cette société sera organisée comme les autres mutualités. Des statuts-types ont été établis par la Mutualité maternelle de Paris.

Le Sous-Secrétaire d'Etat à la Guerre, par une circulaire du 22 mai 1910, a recommandé aux chefs de corps la création de ces sociétés.

Les mutualités maternelles militaires sont appelées à rendre de grands services dans nos armées démocratiques, aussi il faut espérer que grâce à la bienveillance des femmes d'officiers et des membres des Sociétés de la Croix-Rouge et Secours aux blessés, des sections nouvelles s'organiseront dans l'intérêt de l'armée et de la patrie.

Caractères des Mutualités maternelles

Les mutualités maternelles sont à la fois des œuvres de prévoyance et d'assistance ; pour le moment, elles ne peuvent pas vivre sans le secours de la bienfaisance, qui est leur principale ressource.

La formation des mutualités, au sens strict du mot, avec égalité de charges et d'avantages pour tous les membres, ne semble pas possible et est purement utopique, car les ouvrières ne consentiraient pas, d'elles-mêmes, à s'imposer un sacrifice pécuniaire assez important pour s'assurer une période de repos suffisante à l'époque d'une maternité. Il est permis d'ajouter que la modicité du salaire de la plupart d'entre elles ne leur permet pas ce sacrifice, quelle que soit leur bonne volonté (13 francs par an au minimum).

D'ailleurs, la plupart des sociétés de secours mutuels les plus prospères ne subsistent que grâce à l'appel des fonds qu'elles font aux membres honoraires, aux legs et à la subvention des pouvoirs publics.

La clientèle des mutualités maternelles se compose des mères de famille trop courageuses et trop fières pour demander un secours à l'Assistance publique ou privée ; beaucoup de ces femmes, en effet, préfèrent travailler jusqu'au dernier moment de leur grossesse plutôt que d'avoir recours à l'assistance.

Toutes les fois qu'une mère de famille chargée d'enfants, bien que malheureuse, tente un effort pour se relever, elle doit être aidée, car pour elle les secours seront efficaces et produiront un résultat.

Beaucoup des sociétaires des mutualités maternelles ont ce sentiment d'amour-propre très louable à encourager de ne vouloir pas être confondues avec les malheureuses secourues par les œuvres de charité ou les bureaux de bienfaisance. Un exemple en est fourni par Dammarie-les-Lys. Dans ce petit village, où tout le monde se connaît, la Mutualité maternelle secourt les victimes des misères les plus lamentables, les plus soigneusement cachées ; ces femmes n'ont pas voulu s'adresser au bureau de bienfaisance, qui cependant les aurait aidées discrètement, car pour elles une demande de secours officiels est assimilée à la mendicité humiliante, pénible et dégradante.

Les mutualités maternelles ne se contentent pas de venir en aide à leurs sociétaires, elles secourent également des extra-participantes. Beaucoup de femmes ne se soucient pas de la maternité; la grossesse survient, les idées changent, les charges apparaissent à l'horizon, ces femmes viennent alors frapper à la porte de la mutualité maternelle. La plupart des sociétés accordent des secours à ces femmes qui, par la suite, deviennent d'excellentes mutualistes, ayant connu par expérience les bienfaits de la mutualité.

Comment constituer une Mutualité maternelle (1)

Pour organiser une mutualité maternelle, il faut d'abord grouper un certain nombre de personnes aisées prises, si cela est possible, parmi les membres des sociétés d'assistance maternelle qui, sans aucune ambition personnelle, animées uniquement du désir d'aider leurs semblables, acceptent de s'occuper d'une manière effective de la mutualité maternelle et d'en être les dames visiteuses.

Ces personnes devront s'assurer des cotisations de membres honoraires et constituer un fonds de roulement. Elles devront également élaborer des statuts en prenant ceux de la Mutualité maternelle de Paris ou d'une des quatre plus anciennes sociétés de province, ou ceux établis par le Conseil supérieur de la Mutualité et en les adaptant, s'il y a lieu, aux nécessités et aux ressources locales.

Quatre exemplaires de ces statuts et une demande d'approbation, sur papier libre, devront être adressés à la Préfecture. Cette demande devra mentionner les noms et adresses des membres du bureau provisoire et l'emplacement du siège social.

La mutualité maternelle ne doit pas borner son action à la distribution de secours, elle doit exercer

---

(1) La Mutualité maternelle de Paris, 39, rue des Petits-Champs, fournit gracieusement tous les renseignements. — On peut s'adresser également aux présidents des Mutualités mentionnées plus haut.

une action sur les mères pour répandre dans les classes ouvrières les pratiques de l'hygiène sociale et de la première enfance, d'où l'importance du rôle des dames visiteuses dont il sera question plus loin.

La cotisation peut varier de 1 à 3 francs. Il y a intérêt à demander le moins possible, dans certaines campagnes, où le gain de la femme est encore minime; par suite l'indemnité sera moins élevée et ne devra pas dépasser 7 francs par semaine, soit 28 francs et 5 francs de prime d'allaitement. A notre avis, bien que les cotisations des membres participantes comptent très peu dans le budget d'une mutualité maternelle, une cotisation de 2 francs et 3 francs sera aussi bien payée que celle de 1 franc si on a soin d'échelonner les paiements.

Lorsque la mutualité aura acquis un certain développement, elle devra s'efforcer de créer des sections dans les quartiers ou les communes du voisinage.

Ces sections seront soumises au contrôle de la société centrale, jouiront de leurs propres ressources ou seront alimentées par une caisse générale.

La mutualité maternelle devra également s'occuper de créer une ou plusieurs consultations de nourrissons ou s'entendre avec une œuvre déjà existante.

La moyenne de la mortalité infantile s'est abaissée progressivement pendant ces dernières années. Ce résultat est dû à une surveillance plus effective de la première enfance, à l'enseignement de plus en plus répandu des notions de puériculture et à la création de consultations de nourrissons.

Ces consultations peuvent être organisées dans les locaux les plus divers : mairies, écoles, dispensaires, appartements privés.

Leur installation nécessite peu de frais, une table, quelques chaises, un pèse et toise bébé, si possible quelques meubles, le tout dans une salle convenablement chauffée pour éviter tout refroidissement.

La consultation doit être faite par un médecin expérimenté assisté des dames patronnesses de bonne volonté, susceptibles de montrer aux nouvelles accouchées comment elles doivent soigner leurs bébés et de leur expliquer au besoin, dans un langage plus familier, les avis du docteur.

Les enfants nourris, élevés au sein, s'élèvent sans doute plus facilement, ils réclament cependant les soins assidus et éclairés, aussi le médecin et des dames qui l'assistent donnent, dans les consultations de nourrissons, les conseils précieux qui permettent d'allaiter les enfants dans les meilleures conditions d'hygiène et s'efforcent de combattre les préjugés et les coutumes souvent trop préjudiciables au bébé, qui sont indiquées par des parentes, des amies ou des voisines mal avisées.

La consultation de nourrissons n'aura pas lieu les jours de mauvais temps. Elle doit être réservée aux membres des mutualités ou aux mères pauvres, et doit être un simple dispensaire ; dans tous les cas où l'enfant présente les symptômes d'une affection, cet enfant doit être envoyé au médecin de la famille.

Les consultations, outre des conseils, doivent également donner des secours en nature ou en argent, afin de faciliter aux jeunes mères l'élevage de leurs enfants.

Les consultations de nourrissons doivent, avant tout, favoriser l'allaitement maternel ; du lait stérilisé devra être cependant donné gratuitement ou moyennant une légère rétribution, aux mères dont le lait n'est pas suffisant et une goutte de lait, contrôlée par le médecin, sera annexée à la consultation de nourrissons pour les enfants que les mères ne peuvent pas allaiter.

Au début, les mères trouvent l'obligation de présenter les jeunes enfants à la consultation de nourrissons, puis peu à peu elles viennent avec plus d'empressement, et bientôt une émulation de soins et de propreté très profitable à l'hygiène et à la santé des nourrissons s'établit entre toutes les mères.

Les consultations de nourrissons devront être ouvertes à toutes les mères, la loi Roussel sera aussi effectivement appliquée et la surveillance infantile mieux faite et plus effective.

Un dispensaire devra être annexé à la consultation, si cela est possible, pour soigner la mère pendant sa grossesse.

La mutualité maternelle pourra également admettre, comme extra-participantes, dans la mesure de ses ressources, des femmes en cours de grossesse, leur distribuer quelques secours et une indemnité moins élevée que celle des sociétaires, la société pourra ainsi recruter de nouveaux membres.

La mutualité maternelle devra s'entendre avec les sociétés de secours mutuels. S'il s'agit d'une société de femmes, la cotisation exigée devra être la même que celle des membres d'isolées. Si la société de secours mutuels est mixte ou fait inscrire les femmes de ses sociétaires, une somme de 1 franc doit être perçue sur la totalité des membres de la société, c'est-à-dire sur les hommes de tous âges, les célibataires, les mariés, les jeunes gens et les vieillards.

Les mutualités maternelles devront mettre leurs services à la disposition des industriels ou des grandes administrations voulant faire profiter leur personnel ou les femmes de leurs ouvriers ou employés des bienfaits de cette institution.

Deux solutions peuvent être adoptées : ou bien l'industriel assure son personnel dans la forme donnée pour les sociétés de secours mutuels, ou bien l'employeur charge la mutualité maternelle du service de la maternité et la rembourse en fin d'année des indemnités versées. Les secours ainsi donnés ne seront pas détournés de leur véritable but et donneront leur maximum d'effet.

Comités de Dames visiteuses

Dans les mutualités maternelles, l'assistance officieuse matérielle et morale, tient une place au moins équivalente à l'aide pécuniaire ; aussi il est très important d'organiser avant tout fonctionnement un comité de dames inspectrices et visiteuses. Ces dames doivent constituer la cheville ouvrière de la société ; c'est grâce à leur dévouement et à leur bonne volonté animée d'idéalisme que les mutualités maternelles peuvent rendre de grands services ; il ne s'agit pas pour elles de sacrifier quelques heures, elles doivent donner un peu de leur cœur ; leur zèle est le meilleur élément de prospérité de l'œuvre.

Les visiteuses, après avoir fait tomber la timidité et la défiance chez les participantes, doivent leur apporter un secours moral parfois plus nécessaire qu'une aide pécuniaire.

Pour certaines femmes, cette action sociale est peut-être un sport de luxe, une nouveauté procurant des sensations imprévues, mais ce sont des ouvrières qui se lassent bien vite. Beaucoup de dames entrent également dans le comité par snobisme, puis peu à peu la société les prend, la vue du bonheur familial leur ouvre des horizons nouveaux, et par là même elles deviennent souvent de meilleures femmes et de meilleures mères.

Les dames patronnesses mettent à la disposition des participantes leurs ressources propres, leurs conseils éclairés, grâce aux soins qu'elles ont reçus lors de leurs propres maternités.

D'autres auxiliaires qui n'ont pu ressentir les joies de la maternité ou qui, les ayant connues, les ont perdues, reportent sur les pauvres petits toute la réserve d'affection qui est au cœur de toute femme bonne et bienfaisante.

Les dames visiteuses apportent au domicile de l'accouchée les premiers versements et divers secours, linge, layettes, bons de fourneaux et de chauffage. Elles envoient une garde, une femme de ménage pour soigner l'accouchée ou la suppléer dans le ménage quand elle ne trouve pas l'aide suffisante dans son propre entourage. Elles profitent discrètement de leur passage dans l'intérieur pour donner des idées de propreté, d'hygiène et de bonne tenue.

Elles apportent les paroles de réconfort qui font supporter le présent et espérer en l'avenir.

Les dames patronnesses ont ce bonheur d'attacher au sein d'une mère hésitante l'enfant qu'attendait le biberon et souvent la mort, et de voir pendant de longs mois la nourrice convertie venir leur présenter un nourrisson de belle et bonne vue et leur réclamer la suite de leurs conseils.

Elles participent à la consultation, écoutent les remarques et prescriptions du médecin, pour s'instruire d'abord, et dans le but de les répéter, aussi souvent que nécessaire, aux intelligences mal éveillées, ces prescriptions. S'intéressant, se passionnant même pour les révélations de la balance, elles transmettent aux mères leur ardent désir de voir toujours s'élever la courbe croissante du nourrisson. La femme, se sentant entourée d'affection pour elle et pour son enfant, vient à la consultation comme à une réunion de plaisir. A côté de la stimulation entre les mères, les dames patronnesses savent au besoin employer des arguments rémunérateurs pour les mères nourrices, en puisant dans la caisse de la section et souvent dans leur propre bourse, divers secours, linge, vêtements, bons d'aliments.

Comme l'a dit le docteur Variot : « le docteur est utile dans ces institutions, mais la femme qui aide le docteur est indispensable ».

Tels sont les multiples services rendus par les dames visiteuses dans les mutualités maternelles ; grâce à ces sociétés, les femmes riches et peu fortunées peuvent se connaître et véritablement fraterniser.

Ressources et subventions

Une question très importante et pour ainsi dire vitale pour les mutualités maternelles est celle des ressources. Ces sociétés ne peuvent pas fonctionner sans un effort

financier des membres honoraires et sans les subventions (1).

Les membres honoraires sont assez faciles à recruter, car une société qui s'occupe à la fois de la mère et
des enfants recueille plus largement et plus aisément
les dons.

Les patrons ont tout avantage à venir en aide aux
mutualités maternelles dans l'intérêt de leurs ouvrières
et de leurs maisons ; il est à noter d'ailleurs que beaucoup de mutualités maternelles ont été créées grâce aux
efforts très louables des chambres syndicales.

Quant aux municipalités, aux départements et à
l'Etat, ils font œuvre utile en subventionnant ces sociétés. Restreindre le budget de l'assistance publique et
des œuvres privées est un objet des mutualités maternelles, bien des misères seront écartées et par suite
bien des maladies, le budget de l'assistance sera ainsi
soulagé, sans compter le service rendu au point de
vue national par la diminution de la mortalité infantile.

La mutualité maternelle est techniquement assez
sûre pour que l'on puisse compter sur elle et agrandir
sans crainte son champ d'action.

Frappé des bienfaits de la Mutualité maternelle de
Paris, un homme de cœur, M. Engerand, député du
Calvados, rêva de voir fonctionner partout des mutualités maternelles. Ce fut le point de départ du projet
de loi Engerand repris par MM. Arago et Messimy,
voté à la fin de la session de 1907, qui assure une subvention annuelle aux œuvres d'assistance maternelle.
Cette subvention s'étend aux sociétés de charité mater-

---

(1) Comme société approuvée, la mutualité maternelle peut recevoir
des dons et legs.

nelle, mutualités maternelles, consultations de nourrissons, crèches, gouttes de lait, œuvres d'assistance de l'enfance et dispensaires du premier âge.

Aux termes de l'art. 47 de la loi de finances (loi Engerand) du 26 décembre 1908, l'emploi du crédit est réglé par une commission spéciale nommée le 5 mai 1909 dans les conditions déterminées par le décret du 21 juin 1909 et la circulaire ministérielle du 13 juillet 1909.

Suivant l'art. 2 du décret du 21 juin 1909, toute œuvre qui demande à participer à la répartition du fonds de subvention doit adresser avant le 1er juin sa requête écrite au Préfet du département où est le siège de l'œuvre ou de l'établissement principal qui en dépend.

Aux termes de l'art. 3, cette requête doit être accompagnée de tout renseignement permettant d'apprécier le but, le caractère de l'œuvre, les moyens d'action, les ressources dont elle dispose et les besoins locaux auxquels il serait désirable qu'elle pût satisfaire ; ces renseignements doivent comprendre le compte rendu moral et financier du dernier exercice, le nom de la personne qualifiée pour recevoir la subvention et toutes autres pièces dont la production pourra être prescrite par arrêté ministériel.

Sur les 500 000 francs distribués cette année, 101 550 francs ont été distribués aux crèches et 398 450 francs aux œuvres d'assistance maternelle.

De ces 398 450 francs, une quarantaine de mille francs seulement ont été versés aux mutualités maternelles, par moitié environ aux œuvres de province et de la région parisienne (1).

---

(1) Arrêté du 5 janvier 1910, après avis exprimé par la Commission dans ses séances des 4, 8, 11, 15 et 20 décembre 1909.

Ces subsides sont insuffisants. Comme le dit le docteur Pinard, on ne prépare le salut de la patrie seulement en construisant des cuirassés, mais aussi et surtout en lui formant des générations fortes; aussi il faut espérer que le crédit sera fortement augmenté cette année.

Un rapport suivi d'une discussion a eu lieu à la Société Internationale pour l'Etude des Questions d'assistance en avril dernier, sur la protection de la maternité en France. Cette société a adopté le vœu suivant que nous lui avions présenté : « Que la subvention aux œuvres maternelles soit distincte de la subvention accordée aux œuvres de protection de l'enfance ». De la sorte, les crédits étant distincts, il y a lieu d'espérer qu'ils seront un peu plus élevés.

Les départements et les communes devraient suivre l'exemple de l'Etat et subventionner les mutualités maternelles. Cette assistance préventive est très utile et permet souvent d'empêcher des familles de tomber dans la misère et de grever ainsi fortement les budgets des bureaux de bienfaisance.

En Seine-et-Oise, une indemnité de 15 francs est allouée à toute société de secours mutuels donnant une indemnité à la sociétaire au moment de ses couches ; de plus, il est alloué à toute société de secours mutuels qui prévoit dans ses statuts les services d'accouchement une prime de 10 francs par membre nouvellement inscrite et 6 francs pour la seconde année d'inscription.

Législation

Il semble indiscutable que la femme doive se reposer dans les derniers temps de sa grossesse et après son accouchement. Sans doute, la femme a le droit de travailler, mais elle a aussi le droit de vivre et la mission de perpétuer la race.

Aucune mesure légale ne sera efficace et ne sera suivie dans la pratique si les femmes empêchées par la loi de travailler, n'en sont pas dispensées par des secours spéciaux.

Le chômage doit être imposé et être mis à la charge de la société tout entière. Priver la femme de ressources au moment où ses dépenses ne peuvent qu'augmenter, serait absolument déraisonnable et ne saurait que l'encourager à mettre tout en œuvre pour tourner la loi.

Les seuls pays où la protection de la maternité soit observée, sont ceux où l'obligation de repos est accomgnée d'une indemnité compensatrice.

En France, de nombreux projets de lois ont été déposés, la loi du 25 novembre 1909 garantit leur travail et leur emploi aux femmes en couches : il faut espérer qu'une loi qui rendra le repos obligatoire et indemnisé sera enfin votée malgré toutes les dépenses budgétaires qu'elle entraînera.

En attendant le vote des dispositions législatives, le Parlement doit continuer à subventionner très largement les mutualités maternelles.

Lorsqu'il s'agira de formuler des dispositions législatives, il y aura lieu de tenir compte de ces institutions comme le fait d'ailleurs la proposition Strauss ;

le mieux serait peut-être de les rendre obligatoires et de leur donner une organisation raisonnée, indépendante, avec l'appui et sous le contrôle de la loi.

C'est évidemment par une organisation mutualiste ou par un système d'assurance, a dit Strauss, que l'indemnité avant, pendant et après l'accouchement sera le plus rationnellement assurée.

En donnant le droit à l'ouvrière française d'avoir recours en cette circonstance à la protection d'une loi, et en ne lui demandant, en retour, qu'une très modeste cotisation, qu'elle pourra considérer plutôt comme un acte volontaire de prévoyance que comme un sacrifice imposé, on trouve sans aucun doute la vraie solution, qu'il ne faut pas chercher ailleurs que dans la mutualité maternelle, généralisée, protégée et légalisée.

Au lieu d'une malheureuse secourue d'une façon humiliante, méthode qui crée les pauvres honteux, et rend la misère d'autant plus terrible et plus funeste qu'elle doit se cacher plus, il est facile de faire, de la femme nécessiteuse, une mère prévoyante, pouvant recevoir sans honte l'allocation à laquelle elle aura contribué (1).

Bien entendu, cette protection légale, absolument urgente, basée sur la mutualité, devra permettre, outre la distribution des divers secours, de donner une indemnité se rapprochant sensiblement du salaire.

Dans son assemblée générale du 27 avril 1910, la Société Internationale pour l'Etude des Questions d'assistance a formulé un vœu en faveur de la loi Strauss, appliquée à toutes les mères sans exception, avec cette réserve que les subventions accordées aux mutualités

---

(1) Poussineau, *Commission de la dépopulation.*

maternelles ou aux œuvres semblables de prévoyance, permettent à ces dernières de donner à leurs sociétaires des allocations plus élevées que celles données par l'Assistance (1).

Conclusions

Telles sont, brièvement résumées, quelques généralités sur les mutualités maternelles.

Les mutualités maternelles protègent la santé de la mère de famille, elles favorisent la natalité en allégeant pour la femme nécessiteuse le fardeau des charges matérielles qui grèvent la maternité et en lui enlevant la recherche du pain pour le jour et le lendemain.

Ces sociétés favorisent également la natalité en soustrayant l'ouvrière, à l'époque même où son organisme est celui d'une blessée, à la reprise précoce du travail et aux multiples infirmités qui découlent de cette nécessité.

Les mutualités maternelles protègent l'enfant avant sa naissance ; après sa naissance elles lui assurent, dans la mesure du possible, le lait de la mère et sauvent ainsi bien des vies. Elles surveillent ensuite et cultivent cet enfant par l'intermédiaire de la mère dont elles font l'éducation.

Les mutualités maternelles, institutions animées d'un esprit de dévouement et d'abnégation, ne travaillent pas seulement au relèvement physique et matériel de la femme, mais également à son relèvement moral.

---

(1) *Revue philanthropique*, 15 mai 1910.

L'Assistance privée, depuis très longtemps, a rendu de grands services aux mères de famille, et il faut lui rendre un hommage mérité pour tout le bien qu'elle a pu faire et qu'elle fait encore. L'Assistance publique apporte également son aide ; très souvent, malheureusement, ces deux assistances ne peuvent pas, malgré les plus grands efforts de dévouement et d'argent, réussir à sauver une famille. La mutualité maternelle fait plus : à la fois œuvre de prévoyance et d'assistance, elle songe à l'avenir, elle empêche la mère de famille de tomber dans la misère dont elle pourra difficilement sortir et de s'humilier à demander l'aumône. Ce côté moral de la mutualité maternelle a une importance primordiale.

Il est bien certain que les mutualités maternelles, tout en s'efforçant de restreindre la clientèle de l'Assistance, devront s'entendre avec les diverses œuvres privées ou services publics d'assistance maternelle et de protection de l'enfance, et que la plus grande entente devra régner entre ces œuvres pour le plus grand bien des mères et des enfants.

Ainsi, la protection maternelle et morale de la maternité deviendra plus efficace et plus grande.

S'il est un moment, en effet, où la société doit tout particulièrement venir en aide à la classe ouvrière, c'est lorsque la femme n'est plus apte à gagner sa vie, à contribuer pour sa part aux ressources du ménage, lorsque sa famille et que ses charges augmentent.

La société a le devoir d'assurer le repos à cette femme sur le point de devenir mère. L'intérêt même de cette société est que la mère puisse demeurer à son foyer et y accomplir sa mission naturelle, qui est de mettre au monde des enfants vigoureux, de les y nourrir de son sein, puis de leur prodiguer les soins matériels et moraux susceptibles d'en faire plus tard des êtres robustes à l'âme bien trempée.

Cette aide apportée à la maternité est un moyen de rendre la famille plus respectable et plus respectée, de rendre les unions plus fécondes, de diminuer, de faire disparaître le danger même de la dépopulation, qui menace de plus en plus l'avenir de la France.

Les mutualités maternelles, en protégeant la vie humaine, qui est une chose sacrée, ont une mission vraiment belle et noble, sont de plus des institutions éminemment fraternelles et démocratiques, susceptibles de doter notre pays d'une génération forte par ses aptitudes physiques et ses qualités morales.

Bourges, le 15 novembre 1910.

BAR-SUR-SEINE. — IMPRIMERIE Vᵉ C. SAILLARD

BLOUD et Cⁱᵉ, Éditeurs, 7, place Sᵗ-Sulpice, Paris-6ᵉ

BATIFFOL (Pierre). — **L'Avenir prochain du catholicisme en France**. Lettre-préface de S. G. Mgr Germain, archevêque de Toulouse. 1 vol. in-16 . . . . 0 fr. 60

DUPUIS (Charles), professeur à l'École libre des Sciences politiques. — **La Crise religieuse** *et l'Action intellectuelle des Catholiques*. 1 vol. in-16 . . . . 1 fr.

FONSEGRIVE (George). — **Regards en arrière**. 1 vol. grand in-16. . . . . 3 fr. 50

FRÉMONT (George). — **Le Conflit entre la République et l'Église**. *Lettres à un officier français sur la séparation de l'Église et de l'État.* 1 vol. in-16. . . . . 3 fr. 50

Du même auteur. — **La grande Erreur politique des Catholiques français**. 1 vol. in-16 . . . . . 1 fr. 50

GAYRAUD (Abbé), député du Finistère. — **Questions du jour**, *politiques, sociales, religieuses, philosophiques.* 1 vol. in-16. Prix . . . . 3 fr. 50

Du même auteur. — **Un Catholique peut-il être un Socialiste ?** 1 vol. in-16 de 120 pages. . . . . . . 1 fr.

GIRAUD (Victor), professeur à l'Université de Fribourg (Suisse). — **Anticléricalisme et Catholicisme**. 1 vol. in-16, 2ᵉ édition. Prix . . . . 1 fr.

HOOG (George). — **Les Conservateurs et la Troisième République**. *Notes d'histoire* . . . . 1 fr. 50

IMBART DE LA TOUR (P.), professeur à l'Université de Bordeaux. — **Des conditions d'une Renaissance religieuse et sociale en France**. *Discours prononcé à la IIIᵉ Semaine Sociale de Dijon.* In-16 . . . . 0 fr. 50

LUGAN (A.). — **L'Action française et l'Idée chrétienne**. *Une doctrine agnostique, une doctrine amorale, une doctrine achrétienne et acatholique.* 1 vol. in-16. . . . 3 fr.

SANGNIER (Marc). — **Discours** (1896-1909). 2 volumes in 8° écu. Prix chaque. . . . . 5 fr.